女职工权益维护法律知识微手册

（2025版）

中华全国总工会女职工部◎编著

中国工人出版社

·目　录·

第1部分　法律法规 工会章程

2 部分 知识问答

第 部分 1

法律法规 工会章程

中华人民共和国宪法（节选）

（1982 年 12 月 4 日第五届全国人民代表大会第五次会议通过，根据 1988 年 4 月 12 日第七届全国人民代表大会第一次会议通过的《中华人民共和国宪法修正案》、1993 年 3 月 29 日第八届全国人民代表大会第一次会议通过的《中华人民共和国宪法修正案》、1999 年 3 月 15 日第九届全国人民代表大会第二次会议通过的《中华人民共和国宪法修正案》、2004 年 3 月 14 日第十届全国人民代表大会第二次会议通过的《中华人民共和国宪法修正案》和 2018 年 3 月 11 日第十三届全国人民代表大会第一次会议通过的《中华人民共和国宪法修正案》修正）

第三十三条 凡具有中华人民共和国国籍的人都是中华人民共和国公民。

中华人民共和国公民在法律面前一律平等。

国家尊重和保障人权。

任何公民享有宪法和法律规定的权利，同时必须履行宪法和法律规定的义务。

第三十四条 中华人民共和国年满十八周岁的公民，不分民族、种族、性别、职业、家庭出身、宗教信仰、教育程度、财产状况、居住期限，都有选举权和被选举权；但是依照法律被剥夺政治权利的人除外。

第四十八条 中华人民共和国妇女在政治的、经济的、文化的、社会的和家庭的生活等各方面享有同男子平等的权利。

国家保护妇女的权利和利益，实行男女同工同酬，培养和选拔妇女干部。

第四十九条 婚姻、家庭、母亲和儿童受国家的保护。

夫妻双方有实行计划生育的义务。

父母有抚养教育未成年子女的义务，成年子女有赡养扶助父母的义务。

禁止破坏婚姻自由，禁止虐待老人、妇女和儿童。

中华人民共和国民法典（节选）

（2020年5月28日第十三届全国人民代表大会第三次会议通过）

第一百二十八条 法律对未成年人、老年人、残疾人、妇女、消费者等的民事权利保护有特别规定的，依照其规定。

第一千零一十条 违背他人意愿，以言语、文字、图像、肢体行为等方式对他人实施性骚扰的，受害人有权依法请求行为人承担民事责任。

机关、企业、学校等单位应当采取合理的预防、受理投诉、调查处置等措施，防止和制止利用职权、从属关系等实施性骚扰。

第一千零四十一条 婚姻家庭受国家保护。

实行婚姻自由、一夫一妻、男女平等的婚姻制度。

保护妇女、未成年人、老年人、残疾人的合法权益。

第一千零四十三条　家庭应当树立优良家风，弘扬家庭美德，重视家庭文明建设。

夫妻应当互相忠实，互相尊重，互相关爱；家庭成员应当敬老爱幼，互相帮助，维护平等、和睦、文明的婚姻家庭关系。

中华人民共和国妇女权益保障法（节选）

（1992年4月3日第七届全国人民代表大会第五次会议通过　根据2005年8月28日第十届全国人民代表大会常务委员会第十七次会议《关于修改〈中华人民共和国妇女权益保障法〉的决定》第一次修正　根据2018年10月26日第十三届全国人民代表大会常务委员会第六次会议《关于修改〈中华人民共和国野生动物保护法〉等十五部法律的决定》第二次修正　2022年10月30日第十三届全国人民代表大会常务委员会第三十七次会议修订）

第十四条　妇女享有与男子平等的选举权和被选举权。

全国人民代表大会和地方各级人民代表大会的代表中，应当保证有适当数量的妇女代表。国家采取措施，逐步提高全国人民代表大会和地方各级人民代表大会的妇女代表的比例。

居民委员会、村民委员会成员中，应当保证有适当数量的妇女成员。

第十五条　国家积极培养和选拔女干部，重视培养和选拔少数民族女干部。

国家机关、群团组织、企业事业单位培养、选拔和任用干部，应当坚持男女平等的原则，并有适当数量的妇女担任领导成员。

妇女联合会及其团体会员，可以向国家机关、群团组织、企业事业单位推荐女干部。

国家采取措施支持女性人才成长。

第十八条　国家保障妇女享有与男子平等的人身和人格权益。

第三十二条　妇女依法享有生育子女的权利，也有不生育子女的自由。

第三十五条　国家保障妇女享有与男子平等的文化教育权利。

第四十一条　国家保障妇女享有与男子平等的劳动权利和社会保障权利。

第四十二条　各级人民政府和有关部门应当完善就业保障政策措施，防止和纠正就业性别歧视，为妇女创造公平的就业创业环境，为就业困难的妇女提供必要的扶持和援助。

第四十三条 用人单位在招录（聘）过程中，除国家另有规定外，不得实施下列行为：

（一）限定为男性或者规定男性优先；

（二）除个人基本信息外，进一步询问或者调查女性求职者的婚育情况；

（三）将妊娠测试作为入职体检项目；

（四）将限制结婚、生育或者婚姻、生育状况作为录（聘）用条件；

（五）其他以性别为由拒绝录（聘）用妇女或者差别化地提高对妇女录（聘）用标准的行为。

第四十四条 用人单位在录（聘）用女职工时，应当依法与其签订劳动（聘用）合同或者服务协议，劳动（聘用）合同或者服务协议中应当具备女职工特殊保护条款，并不得规定限制女职工结婚、生育等内容。

职工一方与用人单位订立的集体合同中应当包含男女平等和女职工权益保护相关内容，也可以就相关内容制定专章、附件或者单独订立女职工权益保护专项集体合同。

第四十五条 实行男女同工同酬。妇女在享受福利待遇方面享有与男子平等的权利。

第四十六条　在晋职、晋级、评聘专业技术职称和职务、培训等方面，应当坚持男女平等的原则，不得歧视妇女。

第四十七条　用人单位应当根据妇女的特点，依法保护妇女在工作和劳动时的安全、健康以及休息的权利。

妇女在经期、孕期、产期、哺乳期受特殊保护。

第四十八条　用人单位不得因结婚、怀孕、产假、哺乳等情形，降低女职工的工资和福利待遇，限制女职工晋职、晋级、评聘专业技术职称和职务，辞退女职工，单方解除劳动（聘用）合同或者服务协议。

女职工在怀孕以及依法享受产假期间，劳动（聘用）合同或者服务协议期满的，劳动（聘用）合同或者服务协议期限自动延续至产假结束。但是，用人单位依法解除、终止劳动（聘用）合同、服务协议，或者女职工依法要求解除、终止劳动（聘用）合同、服务协议的除外。

用人单位在执行国家退休制度时，不得以性别为由歧视妇女。

第四十九条　人力资源和社会保障部门应当将

招聘、录取、晋职、晋级、评聘专业技术职称和职务、培训、辞退等过程中的性别歧视行为纳入劳动保障监察范围。

第五十条　国家发展社会保障事业，保障妇女享有社会保险、社会救助和社会福利等权益。

国家提倡和鼓励为帮助妇女而开展的社会公益活动。

第五十一条　国家实行生育保险制度，建立健全婴幼儿托育服务等与生育相关的其他保障制度。

国家建立健全职工生育休假制度，保障孕产期女职工依法享有休息休假权益。

地方各级人民政府和有关部门应当按照国家有关规定，为符合条件的困难妇女提供必要的生育救助。

第五十二条　各级人民政府和有关部门应当采取必要措施，加强贫困妇女、老龄妇女、残疾妇女等困难妇女的权益保障，按照有关规定为其提供生活帮扶、就业创业支持等关爱服务。

中华人民共和国反家庭暴力法（节选）

（2015 年 12 月 27 日第十二届全国人民代表大会常务委员会第十八次会议通过）

第三条　家庭成员之间应当互相帮助，互相关爱，和睦相处，履行家庭义务。

反家庭暴力是国家、社会和每个家庭的共同责任。

国家禁止任何形式的家庭暴力。

第五条　反家庭暴力工作遵循预防为主，教育、矫治与惩处相结合原则。

反家庭暴力工作应当尊重受害人真实意愿，保护当事人隐私。

未成年人、老年人、残疾人、孕期和哺乳期的妇女、重病患者遭受家庭暴力的，应当给予特殊保护。

第六条　国家开展家庭美德宣传教育，普及反家庭暴力知识，增强公民反家庭暴力意识。

工会、共产主义青年团、妇女联合会、残疾人联合会应当在各自工作范围内，组织开展家庭美德和反家庭暴力宣传教育。

广播、电视、报刊、网络等应当开展家庭美德和反家庭暴力宣传。

学校、幼儿园应当开展家庭美德和反家庭暴力教育。

第十一条 用人单位发现本单位人员有家庭暴力情况的，应当给予批评教育，并做好家庭矛盾的调解、化解工作。

第二十二条 工会、共产主义青年团、妇女联合会、残疾人联合会、居民委员会、村民委员会等应当对实施家庭暴力的加害人进行法治教育，必要时可以对加害人、受害人进行心理辅导。

中华人民共和国人口与计划生育法（节选）

（2001 年 12 月 29 日第九届全国人民代表大会常务委员会第二十五次会议通过　根据 2015 年 12 月 27 日第十二届全国人民代表大会常务委员会第十八次会议《关于修改〈中华人民共和国人口与计划生育法〉的决定》第一次修正　根据 2021 年 8 月 20 日第十三届全国人民代表大会常务委员会第三十次会议《关于修改〈中华人民共和国人口与计划生育法〉的决定》第二次修正）

第三条　开展人口与计划生育工作，应当与增加妇女受教育和就业机会、增进妇女健康、提高妇女地位相结合。

第十七条　公民有生育的权利，也有依法实行计划生育的义务，夫妻双方在实行计划生育中负有共同的责任。

第十八条　国家提倡适龄婚育、优生优育。一对夫妻可以生育三个子女。

符合法律、法规规定条件的，可以要求安排再生育子女。具体办法由省、自治区、直辖市人民代表大会或者其常务委员会规定。

少数民族也要实行计划生育，具体办法由省、自治区、直辖市人民代表大会或者其常务委员会规定。

夫妻双方户籍所在地的省、自治区、直辖市之间关于再生育子女的规定不一致的，按照有利于当事人的原则适用。

第二十二条　禁止歧视、虐待生育女婴的妇女和不育的妇女。

禁止歧视、虐待、遗弃女婴。

第二十三条　国家对实行计划生育的夫妻，按照规定给予奖励。

第二十四条　国家建立、健全基本养老保险、基本医疗保险、生育保险和社会福利等社会保障制度，促进计划生育。

国家鼓励保险公司举办有利于计划生育的保险项目。

第二十五条　符合法律、法规规定生育子女的夫妻，可以获得延长生育假的奖励或者其他福利待遇。

国家支持有条件的地方设立父母育儿假。

第二十六条　妇女怀孕、生育和哺乳期间，按照国家有关规定享受特殊劳动保护并可以获得帮助和补偿。国家保障妇女就业合法权益，为因生育影响就业的妇女提供就业服务。

公民实行计划生育手术，享受国家规定的休假。

第二十九条　县级以上地方各级人民政府应当在城乡社区建设改造中，建设与常住人口规模相适应的婴幼儿活动场所及配套服务设施。

公共场所和女职工比较多的用人单位应当配置母婴设施，为婴幼儿照护、哺乳提供便利条件。

第三十一条　在国家提倡一对夫妻生育一个子女期间，自愿终身只生育一个子女的夫妻，国家发给《独生子女父母光荣证》。

获得《独生子女父母光荣证》的夫妻，按照国家和省、自治区、直辖市有关规定享受独生子女父母奖励。

法律、法规或者规章规定给予获得《独生子女父母光荣证》的夫妻奖励的措施中由其所在单位落实的，有关单位应当执行。

在国家提倡一对夫妻生育一个子女期间，按照规定应当享受计划生育家庭老年人奖励扶助的，继续享受相关奖励扶助，并在老年人福利、养老服务等方面给予必要的优先和照顾。

中华人民共和国劳动法（节选）

（1994 年 7 月 5 日第八届全国人民代表大会常务委员会第八次会议通过　根据 2009 年 8 月 27 日第十一届全国人民代表大会常务委员会第十次会议《关于修改部分法律的决定》第一次修正　根据 2018 年 12 月 29 日第十三届全国人民代表大会常务委员会第七次会议《关于修改〈中华人民共和国劳动法〉等七部法律的决定》第二次修正）

第三条　劳动者享有平等就业和选择职业的权利、取得劳动报酬的权利、休息休假的权利、获得劳动安全卫生保护的权利、接受职业技能培训的权利、享受社会保险和福利的权利、提请劳动争议处理的权利以及法律规定的其他劳动权利。

劳动者应当完成劳动任务，提高职业技能，执行劳动安全卫生规程，遵守劳动纪律和职业道德。

第十二条 劳动者就业，不因民族、种族、性别、宗教信仰不同而受歧视。

第十三条 妇女享有与男子平等的就业权利。在录用职工时，除国家规定的不适合妇女的工种或者岗位外，不得以性别为由拒绝录用妇女或者提高对妇女的录用标准。

第二十九条 劳动者有下列情形之一的，用人单位不得依据本法第二十六条、第二十七条的规定解除劳动合同：

（一）患职业病或者因工负伤并被确认丧失或者部分丧失劳动能力的；

（二）患病或者负伤，在规定的医疗期内的；

（三）女职工在孕期、产期、哺乳期内的；

（四）法律、行政法规规定的其他情形。

第五十八条 国家对女职工和未成年工实行特殊劳动保护。

未成年工是指年满十六周岁未满十八周岁的劳动者。

第五十九条 禁止安排女职工从事矿山井下、国家规定的第四级体力劳动强度的劳动和其他禁忌从事的劳动。

第九十五条　用人单位违反本法对女职工和未成年工的保护规定，侵害其合法权益的，由劳动行政部门责令改正，处以罚款；对女职工或者未成年工造成损害的，应当承担赔偿责任。

中华人民共和国工会法（节选）

（1992年4月3日第七届全国人民代表大会第五次会议通过　根据2001年10月27日第九届全国人民代表大会常务委员会第二十四次会议《关于修改〈中华人民共和国工会法〉的决定》第一次修正　根据2009年8月27日第十一届全国人民代表大会常务委员会第十次会议《关于修改部分法律的决定》第二次修正　根据2021年12月24日第十三届全国人民代表大会常务委员会第三十二次会议《关于修改〈中华人民共和国工会法〉的决定》第三次修正）

第三条　在中国境内的企业、事业单位、机关、社会组织（以下统称用人单位）中以工资收入为主要生活来源的劳动者，不分民族、种族、性别、职业、宗教信仰、教育程度，都有依法参加和组织工会的权利。任何组织和个人不得阻挠和限制。

工会适应企业组织形式、职工队伍结构、劳动关系、就业形态等方面的发展变化，依法维护劳动者参加和组织工会的权利。

第十一条　用人单位有会员二十五人以上的，应当建立基层工会委员会；不足二十五人的，可以单独建立基层工会委员会，也可以由两个以上单位的会员联合建立基层工会委员会，也可以选举组织员一人，组织会员开展活动。女职工人数较多的，可以建立工会女职工委员会，在同级工会领导下开展工作；女职工人数较少的，可以在工会委员会中设女职工委员。

企业职工较多的乡镇、城市街道，可以建立基层工会的联合会。

县级以上地方建立地方各级总工会。

同一行业或者性质相近的几个行业，可以根据需要建立全国的或者地方的产业工会。

全国建立统一的中华全国总工会。

第二十条　企业、事业单位、社会组织违反职工代表大会制度和其他民主管理制度，工会有权要求纠正，保障职工依法行使民主管理的权利。

法律、法规规定应当提交职工大会或者职工代表大会审议、通过、决定的事项，企业、事业单位、社会组织应当依法办理。

第二十一条 工会帮助、指导职工与企业、实行企业化管理的事业单位、社会组织签订劳动合同。

工会代表职工与企业、实行企业化管理的事业单位、社会组织进行平等协商，依法签订集体合同。集体合同草案应当提交职工代表大会或者全体职工讨论通过。

工会签订集体合同，上级工会应当给予支持和帮助。

企业、事业单位、社会组织违反集体合同，侵犯职工劳动权益的，工会可以依法要求企业、事业单位、社会组织予以改正并承担责任；因履行集体合同发生争议，经协商解决不成的，工会可以向劳动争议仲裁机构提请仲裁，仲裁机构不予受理或者对仲裁裁决不服的，可以向人民法院提起诉讼。

第二十二条 企业、事业单位、社会组织处分职工，工会认为不适当的，有权提出意见。

用人单位单方面解除职工劳动合同时，应当事先将理由通知工会，工会认为用人单位违反法律、法规和有关合同，要求重新研究处理时，用人单位应当研究工会的意见，并将处理结果书面通知工会。

职工认为用人单位侵犯其劳动权益而申请劳动争议仲裁或者向人民法院提起诉讼的，工会应当给予支持和帮助。

第二十三条　企业、事业单位、社会组织违反劳动法律法规规定，有下列侵犯职工劳动权益情形，工会应当代表职工与企业、事业单位、社会组织交涉，要求企业、事业单位、社会组织采取措施予以改正；企业、事业单位、社会组织应当予以研究处理，并向工会作出答复；企业、事业单位、社会组织拒不改正的，工会可以提请当地人民政府依法作出处理：

（一）克扣、拖欠职工工资的；

（二）不提供劳动安全卫生条件的；

（三）随意延长劳动时间的；

（四）侵犯女职工和未成年工特殊权益的；

（五）其他严重侵犯职工劳动权益的。

第三十九条　企业、事业单位、社会组织研究经营管理和发展的重大问题应当听取工会的意见；召开会议讨论有关工资、福利、劳动安全卫生、工作时间、休息休假、女职工保护和社会保险等涉及职工切身利益的问题，必须有工会代表参加。

企业、事业单位、社会组织应当支持工会依法开展工作，工会应当支持企业、事业单位、社会组织依法行使经营管理权。

中华人民共和国劳动合同法（节选）

（2007年6月29日第十届全国人民代表大会常务委员会第二十八次会议通过　根据2012年12月28日第十一届全国人民代表大会常务委员会第三十次会议《关于修改〈中华人民共和国劳动合同法〉的决定》修正）

第三十九条　劳动者有下列情形之一的，用人单位可以解除劳动合同：

（一）在试用期间被证明不符合录用条件的；

（二）严重违反用人单位的规章制度的；

（三）严重失职，营私舞弊，给用人单位造成重大损害的；

（四）劳动者同时与其他用人单位建立劳动关系，对完成本单位的工作任务造成严重影响，或者经用人单位提出，拒不改正的；

（五）因本法第二十六条第一款第一项规定的情形致使劳动合同无效的；

（六）被依法追究刑事责任的。

第四十二条　劳动者有下列情形之一的，用人单位不得依照本法第四十条、第四十一条的规定解除劳动合同：

（一）从事接触职业病危害作业的劳动者未进行离岗前职业健康检查，或者疑似职业病病人在诊断或者医学观察期间的；

（二）在本单位患职业病或者因工负伤并被确认丧失或者部分丧失劳动能力的；

（三）患病或者非因工负伤，在规定的医疗期内的；

（四）女职工在孕期、产期、哺乳期的；

（五）在本单位连续工作满十五年，且距法定退休年龄不足五年的；

（六）法律、行政法规规定的其他情形。

第五十二条　企业职工一方与用人单位可以订立劳动安全卫生、女职工权益保护、工资调整机制等专项集体合同。

中华人民共和国就业促进法（节选）

（2007年8月30日第十届全国人民代表大会常务委员会第二十九次会议通过　根据2015年4月24日第十二届全国人民代表大会常务委员会第十四次会议《关于修改〈中华人民共和国电力法〉等六部法律的决定》修正）

第三条　劳动者依法享有平等就业和自主择业的权利。

劳动者就业，不因民族、种族、性别、宗教信仰等不同而受歧视。

第八条　用人单位依法享有自主用人的权利。

用人单位应当依照本法以及其他法律、法规的规定，保障劳动者的合法权益。

第九条　工会、共产主义青年团、妇女联合会、残疾人联合会以及其他社会组织，协助人民政府开展促进就业工作，依法维护劳动者的劳动权利。

第二十六条　用人单位招用人员、职业中介机构从事职业中介活动，应当向劳动者提供平等的就业机会和公平的就业条件，不得实施就业歧视。

第二十七条　国家保障妇女享有与男子平等的劳动权利。

用人单位招用人员，除国家规定的不适合妇女的工种或者岗位外，不得以性别为由拒绝录用妇女或者提高对妇女的录用标准。

用人单位录用女职工，不得在劳动合同中规定限制女职工结婚、生育的内容。

第三十九条　从事职业中介活动，应当遵循合法、诚实信用、公平、公开的原则。

用人单位通过职业中介机构招用人员，应当如实向职业中介机构提供岗位需求信息。

禁止任何组织或者个人利用职业中介活动侵害劳动者的合法权益。

中华人民共和国社会保险法（节选）

（2010年10月28日第十一届全国人民代表大会常务委员会第十七次会议通过　根据2018年12月29日第十三届全国人民代表大会常务委员会第七次会议《关于修改〈中华人民共和国社会保险法〉的决定》修正）

第五十三条　职工应当参加生育保险，由用人单位按照国家规定缴纳生育保险费，职工不缴纳生育保险费。

第五十四条　用人单位已经缴纳生育保险费的，其职工享受生育保险待遇；职工未就业配偶按照国家规定享受生育医疗费用待遇。所需资金从生育保险基金中支付。

生育保险待遇包括生育医疗费用和生育津贴。

第五十五条　生育医疗费用包括下列各项：

（一）生育的医疗费用；

（二）计划生育的医疗费用；

（三）法律、法规规定的其他项目费用。

第五十六条　职工有下列情形之一的，可以按照国家规定享受生育津贴：

（一）女职工生育享受产假；

（二）享受计划生育手术休假；

（三）法律、法规规定的其他情形。

生育津贴按照职工所在用人单位上年度职工月平均工资计发。

中华人民共和国职业病防治法（节选）

（2001年10月27日第九届全国人民代表大会常务委员会第二十四次会议通过　根据2011年12月31日第十一届全国人民代表大会常务委员会第二十四次会议《关于修改〈中华人民共和国职业病防治法〉的决定》第一次修正　根据2016年7月2日第十二届全国人民代表大会常务委员会第二十一次会议《关于修改〈中华人民共和国节约能源法〉等六部法律的决定》第二次修正　根据2017年11月4日第十二届全国人民代表大会常务委员会第三十次会议《关于修改〈中华人民共和国会计法〉等十一部法律的决定》第三次修正　根据2018年12月29日第十三届全国人民代表大会常务委员会第七次会议《关于修改〈中华人民共和国劳动法〉等七部法律的决定》第四次修正）

第十五条　产生职业病危害的用人单位的设立除应当符合法律、行政法规规定的设立条件外，其工作场所还应当符合下列职业卫生要求：

（一）职业病危害因素的强度或者浓度符合国家职业卫生标准；

（二）有与职业病危害防护相适应的设施；

（三）生产布局合理，符合有害与无害作业分开的原则；

（四）有配套的更衣间、洗浴间、孕妇休息间等卫生设施；

（五）设备、工具、用具等设施符合保护劳动者生理、心理健康的要求；

（六）法律、行政法规和国务院卫生行政部门关于保护劳动者健康的其他要求。

第三十八条　用人单位不得安排未成年工从事接触职业病危害的作业；不得安排孕期、哺乳期的女职工从事对本人和胎儿、婴儿有危害的作业。

第七十五条　违反本法规定，有下列情形之一的，由卫生行政部门责令限期治理，并处五万元以上三十万元以下的罚款；情节严重的，责令停止产生职业病危害的作业，或者提请有关人民政府按照国务院规定的权限责令关闭：

（一）隐瞒技术、工艺、设备、材料所产生的职业病危害而采用的；

（二）隐瞒本单位职业卫生真实情况的；

（三）可能发生急性职业损伤的有毒、有害工作场所、放射工作场所或者放射性同位素的运输、贮存不符合本法第二十五条规定的；

（四）使用国家明令禁止使用的可能产生职业病危害的设备或者材料的；

（五）将产生职业病危害的作业转移给没有职业病防护条件的单位和个人，或者没有职业病防护条件的单位和个人接受产生职业病危害的作业的；

（六）擅自拆除、停止使用职业病防护设备或者应急救援设施的；

（七）安排未经职业健康检查的劳动者、有职业禁忌的劳动者、未成年工或者孕期、哺乳期女职工从事接触职业病危害的作业或者禁忌作业的；

（八）违章指挥和强令劳动者进行没有职业病防护措施的作业的。

中华人民共和国母婴保健法（节选）

（1994 年 10 月 27 日第八届全国人民代表大会常务委员会第十次会议通过　根据 2009 年 8 月 27 日第十一届全国人民代表大会常务委员会第十次会议《关于修改部分法律的决定》第一次修正　根据 2017 年 11 月 4 日第十二届全国人民代表大会常务委员会第三十次会议《关于修改〈中华人民共和国会计法〉等十一部法律的决定》第二次修正）

第二条　国家发展母婴保健事业，提供必要条件和物质帮助，使母亲和婴儿获得医疗保健服务。

国家对边远贫困地区的母婴保健事业给予扶持。

第十四条　医疗保健机构应当为育龄妇女和孕产妇提供孕产期保健服务。

孕产期保健服务包括下列内容：

（一）母婴保健指导：对孕育健康后代以及严重遗传性疾病和碘缺乏病等地方病的发病原因、治疗和预防方法提供医学意见；

（二）孕妇、产妇保健：为孕妇、产妇提供卫生、营养、心理等方面的咨询和指导以及产前定期检查等医疗保健服务；

（三）胎儿保健：为胎儿生长发育进行监护，提供咨询和医学指导；

（四）新生儿保健：为新生儿生长发育、哺乳和护理提供的医疗保健服务。

第十五条 对患严重疾病或者接触致畸物质，妊娠可能危及孕妇生命安全或者可能严重影响孕妇健康和胎儿正常发育的，医疗保健机构应当予以医学指导。

第二十四条 医疗保健机构为产妇提供科学育儿、合理营养和母乳喂养的指导。

医疗保健机构对婴儿进行体格检查和预防接种，逐步开展新生儿疾病筛查、婴儿多发病和常见病防治等医疗保健服务。

第二十八条 各级人民政府应当采取措施，加强母婴保健工作，提高医疗保健服务水平，积极防治由环境因素所致严重危害母亲和婴儿健康的地方性高发性疾病，促进母婴保健事业的发展。

女职工劳动保护特别规定

（2012 年 4 月 18 日国务院第 200 次常务会议通过 2012 年 4 月 28 日中华人民共和国国务院令第 619 号公布 自公布之日起施行）

第一条 为了减少和解决女职工在劳动中因生理特点造成的特殊困难，保护女职工健康，制定本规定。

第二条 中华人民共和国境内的国家机关、企业、事业单位、社会团体、个体经济组织以及其他社会组织等用人单位及其女职工，适用本规定。

第三条 用人单位应当加强女职工劳动保护，采取措施改善女职工劳动安全卫生条件，对女职工进行劳动安全卫生知识培训。

第四条 用人单位应当遵守女职工禁忌从事的劳动范围的规定。用人单位应当将本单位属于女职工禁忌从事的劳动范围的岗位书面告知女职工。

女职工禁忌从事的劳动范围由本规定附录列示。

国务院安全生产监督管理部门会同国务院人力资源社会保障行政部门、国务院卫生行政部门根据经济社会发展情况，对女职工禁忌从事的劳动范围进行调整。

第五条 用人单位不得因女职工怀孕、生育、哺乳降低其工资、予以辞退、与其解除劳动或者聘用合同。

第六条 女职工在孕期不能适应原劳动的，用人单位应当根据医疗机构的证明，予以减轻劳动量或者安排其他能够适应的劳动。

对怀孕7个月以上的女职工，用人单位不得延长劳动时间或者安排夜班劳动，并应当在劳动时间内安排一定的休息时间。

怀孕女职工在劳动时间内进行产前检查，所需时间计入劳动时间。

第七条 女职工生育享受98天产假，其中产前可以休假15天；难产的，增加产假15天；生育多胞胎的，每多生育1个婴儿，增加产假15天。

女职工怀孕未满4个月流产的，享受15天产假；怀孕满4个月流产的，享受42天产假。

第八条 女职工产假期间的生育津贴，对已经参加生育保险的，按照用人单位上年度职工月平均工资的标准由生育保险基金支付；对未参加生育保险的，按照女职工产假前工资的标准由用人单位支付。

女职工生育或者流产的医疗费用，按照生育保险规定的项目和标准，对已经参加生育保险的，由生育保险基金支付；对未参加生育保险的，由用人单位支付。

第九条 对哺乳未满 1 周岁婴儿的女职工，用人单位不得延长劳动时间或者安排夜班劳动。

用人单位应当在每天的劳动时间内为哺乳期女职工安排 1 小时哺乳时间；女职工生育多胞胎的，每多哺乳 1 个婴儿每天增加 1 小时哺乳时间。

第十条 女职工比较多的用人单位应当根据女职工的需要，建立女职工卫生室、孕妇休息室、哺乳室等设施，妥善解决女职工在生理卫生、哺乳方面的困难。

第十一条 在劳动场所，用人单位应当预防和制止对女职工的性骚扰。

第十二条 县级以上人民政府人力资源社会保障行政部门、安全生产监督管理部门按照各自职责负责对用人单位遵守本规定的情况进行监督检查。

工会、妇女组织依法对用人单位遵守本规定的情况进行监督。

第十三条 用人单位违反本规定第六条第二款、第七条、第九条第一款规定的，由县级以上人民政府人力资源社会保障行政部门责令限期改正，按照受侵害女职工每人1000元以上5000元以下的标准计算，处以罚款。

用人单位违反本规定附录第一条、第二条规定的，由县级以上人民政府安全生产监督管理部门责令限期改正，按照受侵害女职工每人1000元以上5000元以下的标准计算，处以罚款。用人单位违反本规定附录第三条、第四条规定的，由县级以上人民政府安全生产监督管理部门责令限期治理，处5万元以上30万元以下的罚款；情节严重的，责令停止有关作业，或者提请有关人民政府按照国务院规定的权限责令关闭。

第十四条 用人单位违反本规定，侵害女职工合法权益的，女职工可以依法投诉、举报、申诉，依法向劳动人事争议调解仲裁机构申请调解仲裁，对仲裁裁决不服的，依法向人民法院提起诉讼。

第十五条　用人单位违反本规定，侵害女职工合法权益，造成女职工损害的，依法给予赔偿；用人单位及其直接负责的主管人员和其他直接责任人员构成犯罪的，依法追究刑事责任。

第十六条　本规定自公布之日起施行。1988 年 7 月 21 日国务院发布的《女职工劳动保护规定》同时废止。

附录：

女职工禁忌从事的劳动范围

一、女职工禁忌从事的劳动范围：

（一）矿山井下作业；

（二）体力劳动强度分级标准中规定的第四级体力劳动强度的作业；

（三）每小时负重 6 次以上、每次负重超过 20 公斤的作业，或者间断负重、每次负重超过 25 公斤的作业。

二、女职工在经期禁忌从事的劳动范围：

（一）冷水作业分级标准中规定的第二级、第三级、第四级冷水作业；

（二）低温作业分级标准中规定的第二级、第三级、第四级低温作业；

（三）体力劳动强度分级标准中规定的第三级、第四级体力劳动强度的作业；

（四）高处作业分级标准中规定的第三级、第四级高处作业。

三、女职工在孕期禁忌从事的劳动范围：

（一）作业场所空气中铅及其化合物、汞及其化合物、苯、镉、铍、砷、氰化物、氮氧化物、一氧化碳、二硫化碳、氯、己内酰胺、氯丁二烯、氯乙烯、环氧乙烷、苯胺、甲醛等有毒物质浓度超过国家职业卫生标准的作业；

（二）从事抗癌药物、己烯雌酚生产，接触麻醉剂气体等的作业；

（三）非密封源放射性物质的操作，核事故与放射事故的应急处置；

（四）高处作业分级标准中规定的高处作业；

（五）冷水作业分级标准中规定的冷水作业；

（六）低温作业分级标准中规定的低温作业；

（七）高温作业分级标准中规定的第三级、第四级的作业；

（八）噪声作业分级标准中规定的第三级、第四级的作业；

（九）体力劳动强度分级标准中规定的第三级、第四级体力劳动强度的作业；

（十）在密闭空间、高压室作业或者潜水作业，伴有强烈振动的作业，或者需要频繁弯腰、攀高、下蹲的作业。

四、女职工在哺乳期禁忌从事的劳动范围：

（一）孕期禁忌从事的劳动范围的第一项、第三项、第九项；

（二）作业场所空气中锰、氟、溴、甲醇、有机磷化合物、有机氯化合物等有毒物质浓度超过国家职业卫生标准的作业。

女职工保健工作规定

（1993年11月26日　卫妇发〔1993〕第11号）

第一章　总　则

第一条　为保护女职工的身心健康及其子女的健康发育和成长，提高民族素质，根据《中华人民共和国妇女权益保障法》和《女职工劳动保护规定》，特制定本规定。

第二条　女职工保健工作必须贯彻预防为主的方针，注意女性生理和职业特点，认真执行国家有关保护女职工的各项政策和法规。

第三条　本规定适用于中华人民共和国境内的一切党政机关、人民团体和企业、事业单位。

第二章　组织措施

第四条　本规定由各单位分管女职工保健工作的行政领导负责组织本单位医疗卫生、劳动、人事部门和工会、妇联组织及有关人员共同实施。

第五条　县（含城市区）以上的各级妇幼保健机构，负责对管辖范围内的各单位实施本规定进行业务指导。

第六条　各单位的医疗卫生部门应负责本单位女职工保健工作。女职工人数在 1000 人以下的厂矿应设兼职妇女保健人员；女职工人数在 1000 人以上的厂矿，在职工医院的妇产科或妇幼保健站中应有专人负责女职工保健工作。

第三章　保健措施

第七条　月经期保健

1. 宣传普及月经期卫生知识。

2. 女职工在 100 人以上的单位，应逐步建立女职工卫生室，健全相应的制度并设专人管理，对卫生室管理人员应进行专业培训。女职工每班在 100 人以下的单位，应设置简易的温水箱及冲洗器。对流动、分散工作单位的女职工应发放单人自用冲洗器。

3. 女职工在月经期间不得从事《女职工禁忌劳动范围的规定》中第四条所规定的作业。

4. 患有重度痛经及月经过多的女职工，经医疗或妇幼保健机构确诊后，月经期间可适当给予1至2天的休假。

第八条 婚前保健

对欲婚女职工必须进行婚前卫生知识的宣传教育及咨询，并进行婚前健康检查及指导。

第九条 孕前保健

1. 已婚待孕女职工禁忌从事铅、汞、苯、镉等作业场所属于《有毒作业分级》标准中第Ⅲ－Ⅳ级的作业。

2. 积极开展优生宣传和咨询。

3. 对女职工应进行妊娠知识的健康教育，使她们在月经超期时主动接受检查。

4. 患有射线病、慢性职业中毒、近期内有过急性中毒史及其它有碍于母体和胎儿健康疾病者，暂时不宜妊娠。

5. 对有过两次以上自然流产史，现又无子女的女职工，应暂时调离有可能直接或间接导致流产的作业岗位。

第十条 孕期保健

1. 自确立妊娠之日起，应建立孕产妇保健卡

（册），进行血压、体重、血、尿常规等基础检查。对接触铅、汞的孕妇，应进行尿中铅、汞含量的测定。

2. 定期进行产前检查、孕期保健和营养指导。

3. 推广孕妇家庭自我监护，系统观察胎动、胎心、宫底高度及体重等。

4. 实行高危孕妇专案管理，无诊疗条件的单位应及时转院就诊，并配合上级医疗和保健机构严密观察和监护。

5. 女职工较多的单位应建立孕妇休息室。妊娠满 7 个月应给予工间休息或适当减轻工作。

6. 妊娠女职工不应加班加点，妊娠 7 个月以上（含 7 个月）一般不得上夜班。

7. 女职工妊娠期间不得从事劳动部颁布的《女职工禁忌劳动范围的规定》第六条所规定的作业。

8. 从事立位作业的女职工，妊娠满 7 个月后，其工作场所应设立工间休息座位。

9. 有关女职工产前、产后、流产的假期及待遇按1988年国务院颁发的《女职工劳动保护规定》（国务院令第 9 号）和 1988 年劳动部《关于女职工生育待遇若干问题的通知》（劳险字〔1988〕2 号）执行。

第十一条 产后保健

1. 进行产后访视及母乳喂养指导。

2. 产后42天对母子进行健康检查。

3. 产假期满恢复工作时，应允许有1至2周时间逐渐恢复原工作量。

第十二条 哺乳期保健

1. 宣传科学育儿知识，提倡4个月内纯母乳喂养。

2. 对有未满1周岁婴儿的女职工，应保证其授乳时间。

3. 婴儿满周岁时，经县（区）以上（含县、区）医疗或保健机构确诊为体弱儿，可适当延长授乳时间，但不得超过6个月。

4. 有未满1周岁婴儿的女职工，一般不得安排上夜班及加班、加点。

5. 有哺乳婴儿5名以上的单位，应逐步建立哺乳室。

6. 不得安排哺乳女职工从事《女职工劳动保护规定》和《女职工禁忌劳动范围的规定》所指出的作业。

第十三条 更年期保健

1. 宣传更年期生理卫生知识，使进入更年期的女职工得到社会广泛的关怀。

2. 经县（区）以上（含县、区）的医疗或妇幼保健机构诊断为更年期综合症者，经治疗效果仍不显著，且不适应原工作的，应暂时安排适宜的工作。

3. 进入更年期的女职工应每1至2年进行一次妇科疾病的查治。

第十四条　对女职工定期进行妇科疾病及乳腺疾病的查治。

第十五条　女职工浴室要淋浴化。厕所要求蹲位。

第十六条　建立健全女职工保健工作统计制度。

第四章　监督管理

第十七条　各级卫生行政部门会同同级劳动、人事部门，工会及妇联组织对本规定的实施情况进行监督。

第十八条　凡违反本规定第七条第3款第（1）、（2）、（3）项、第十条第7、9款、第十二条第2、6款的单位负责人或直接责任者，可依据《女职工劳动保护规定》第十三条规定进行处理。

第十九条 凡违反本规定其它条款的单位或直接责任者，各级卫生行政部门可根据情节给予警告、通报批评、限期改进的处罚。

第二十条 女职工违反国家的有关计划生育规定的，其女职工的保健应当按照国家有关计划生育规定办理。

第五章 附 则

第二十一条 本规定中所称企业，系指全民、城镇集体企业，中外合资、合作、独资企业，乡镇企业，农村联户企业，私人企业等。

第二十二条 女职工包括单位固定女职工、合同制女职工、临时女职工。

第二十三条 本规定由中华人民共和国卫生部负责解释。

第二十四条 本规定由颁发之日起实施。

使用有毒物品作业场所劳动保护条例（节选）

（2002年5月12日中华人民共和国国务院令第352号公布 根据2024年12月6日《国务院关于修改和废止部分行政法规的决定》修订）

第七条 禁止使用童工。

用人单位不得安排未成年人和孕期、哺乳期的女职工从事使用有毒物品的作业。

第八条 工会组织应当督促并协助用人单位开展职业卫生宣传教育和培训，对用人单位的职业卫生工作提出意见和建议，与用人单位就劳动者反映的职业病防治问题进行协调并督促解决。

工会组织对用人单位违反法律、法规，侵犯劳动者合法权益的行为，有权要求纠正；产生严重职业中毒危害时，有权要求用人单位采取防护措施，或者向政府有关部门建议采取强制性措施；发生职业中毒事故时，有权参与事故调查处理；发现危及劳动者生命、健康的情形时，有权建议用人单位组织劳动者撤离危险现场，用人单位应当立即作出处理。

第六十三条 用人单位违反本条例的规定，有下列行为之一的，由疾病预防控制部门责令限期改正，处5万元以上30万元以下的罚款；情节严重的，责令停止使用有毒物品作业，或者提请有关人民政府按照国务院规定的权限予以关闭；造成严重职业中毒危害或者导致职业中毒事故发生的，对负有责任的主管人员和其他直接责任人员依照刑法关于重大责任事故罪或者其他罪的规定，依法追究刑事责任：

（一）未组织从事使用有毒物品作业的劳动者进行上岗前职业健康检查，安排未经上岗前职业健康检查的劳动者从事使用有毒物品作业的；

（二）使用未经培训考核合格的劳动者从事高毒作业的；

（三）安排有职业禁忌的劳动者从事所禁忌的作业的；

（四）发现有职业禁忌或者有与所从事职业相关的健康损害的劳动者，未及时调离原工作岗位，并妥善安置的；

（五）安排未成年人或者孕期、哺乳期的女职工从事使用有毒物品作业的；

（六）使用童工的。

重大劳动保障违法行为社会公布办法（节选）

（2016年9月1日人力资源和社会保障部令第29号）

第五条　人力资源社会保障行政部门对下列已经依法查处并作出处理决定的重大劳动保障违法行为，应当向社会公布：

（一）克扣、无故拖欠劳动者劳动报酬，数额较大的；拒不支付劳动报酬，依法移送司法机关追究刑事责任的；

（二）不依法参加社会保险或者不依法缴纳社会保险费，情节严重的；

（三）违反工作时间和休息休假规定，情节严重的；

（四）违反女职工和未成年工特殊劳动保护规定，情节严重的；

（五）违反禁止使用童工规定的；

（六）因劳动保障违法行为造成严重不良社会影响的；

（七）其他重大劳动保障违法行为。

中国工会章程（节选）

（中国工会第十八次全国代表大会部分修改，2023 年 10 月 12 日通过）

第一条　凡在中国境内的企业、事业单位、机关、社会组织中，以工资收入为主要生活来源或者与用人单位建立劳动关系的劳动者，不分民族、种族、性别、职业、宗教信仰、教育程度，承认工会章程，都可以加入工会为会员。

工会适应企业组织形式、职工队伍结构、劳动关系、就业形态等方面的发展变化，依法维护劳动者参加和组织工会的权利。

第十四条　各级工会建立女职工委员会，表达和维护女职工的合法权益。女职工委员会由同级工会委员会提名，在充分协商的基础上组成或者选举产生，女职工委员会与工会委员会同时建立，在同级工会委员会领导下开展工作。企业工会女职工委员会是县或者县以上妇联的团体会员，通过县以上地方工会接受妇联的业务指导。

第二十五条 企业、事业单位、机关、社会组织等基层单位，应当依法建立工会组织。社区和行政村可以建立工会组织。从实际出发，建立区域性、行业性工会联合会，推进新经济组织、新社会组织工会组织建设。

有会员二十五人以上的，应当成立基层工会委员会；不足二十五人的，可以单独建立基层工会委员会，也可以由两个以上单位的会员联合建立基层工会委员会，也可以选举组织员或者工会主席一人，主持基层工会工作。基层工会委员会有女会员十人以上的建立女职工委员会，不足十人的设女职工委员。

职工二百人以上企业、事业单位、社会组织的工会设专职工会主席。工会专职工作人员的人数由工会与企业、事业单位、社会组织协商确定。

基层工会组织具备民法典规定的法人条件的，依法取得社会团体法人资格，工会主席为法定代表人。

第2部分

知识问答

1 什么是女职工的合法权益和特殊权益？

女职工的合法权益是指女职工享受宪法及其他法律、法规规定的公民、职工享有的权益，同时还享有国家对妇女规定的权益，包括女职工的政治权利、文化教育权益、劳动和社会保障权益、财产权益、人身权利和婚姻家庭权益。

女职工的特殊权益是指女职工除享受国家规定的妇女应享有的合法权益外，还享受国家针对女职工生理特点、体力状况、“四期”（经期、孕期、产期、哺乳期）的特殊情况等，对女职工在劳动过程中所给予的特别保护，主要包括不得安排女职工从事禁忌劳动以及对女职工在“四期”的特殊劳动保护。

2 女职工主要享有哪些政治权利？

《宪法》第四十八条规定，中华人民共和国妇女在政治等方面享有同男子平等的权利。具体包括管理国家事务、经济和文化事业、社会事务的权利；与男子平等的选举权和被选举权；在各级人大代表中女代表应有适当的比例，积极培养和选拔女干部等。

维护女职工的政治权利，主要体现在为女职工参政议政创造条件，组织女职工参与国家事务和所在单位的民主管理，在职工代表大会中保证女职工代表占一定比例，在女职工较多的行业和部门配备一定数量的女干部等。

3 女职工主要享有哪些劳动权益？

依据《劳动法》等法律、法规，女职工享有的劳动权益主要包括平等就业和选择职业的权利；取得劳动报酬的权利；休息休假的权利；获得劳动安全卫生保障的权利；接受职业技能培训的权利；享受社会保险和保障的权利；提请劳动争议处理的权利。

4 如何保障女性的平等就业权？

平等就业权是一项重要的女性劳动权益。针对存在的诸多女性就业歧视现象，如招录中的性别歧视、就业后的同工不同酬、职场发展歧视等，我国已形成了以《宪法》为总纲，以《妇女权益保障法》《劳动法》《就业促进法》《女职工劳动保护特别规定》《中国妇女发展纲要》以及相关地方性法规、规章为支撑的保障女性平等就业权的法律体系和政策措施，积极创造公平就业环境，消除就业歧视。

（1）在获取就业方面，《劳动法》规定，妇女享有与男子平等的就业权利。在录用职工时，除国家规定的不适合妇女的工种或者岗位外，不得以性别为由拒绝录用妇女或者提高对妇女的录用标准。

（2）在促进职业发展方面，《就业促进法》规定，用人单位录用女职工，不得在劳动合同中规定限制女职工结婚、生育的内容。用人单位招用人员、职业中介机构从事职业中介活动，应当向劳动者提供平等的就业机会和公平的就业条件，不得实施就业歧视。

（3）在促进同工同酬方面，根据《中国妇女发展纲要（2021—2030年）》，缩小男女两性收入差距。全面落实男女同工同酬，保障收入公平。促进女性对知识、技术、管理、数据等生产要素的掌握和应用，提高女性职业竞争力。督促用人单位制定实施男女平等的人力资源制度，畅通女性职业发展和职务职级晋升通道。探索开展薪酬调查，加强对收入的分性别统计，动态掌握男女两性收入状况。

5　什么是女职工劳动保护？

女职工劳动保护，是针对女职工的生理特点而进行的特殊保护。它主要研究生产过程中劳动条件对女职工身体健康的影响及防止职业有害因素对女性生理机能的影响，以保护女职工能够健康持久地从事生产劳动，保障育龄女职工能够孕育健康的下一代。国际劳工组织的有关资料显示，女职工劳动保护包括四个方面的内容：

（1）保护母性，即保护女性机能，如“四期”保护；

（2）规定女职工的工作时间，如孕妇、乳母禁止加班加点及不安排夜班等；

（3）禁止女职工从事危险有害作业；

（4）女性与男性有同等就业机会，同工同酬。

6 什么是女职工“四期”保护？

女职工“四期”保护是对女性生理机能变化过程即经期、孕期、产期、哺乳期的劳动保护。《妇女权益保障法》《劳动法》《劳动合同法》《女职工劳动保护特别规定》等均作出规定，主要包括用人单位不得因女职工怀孕、生育、哺乳降低其工资、予以辞退、与其解除劳动合同或者聘用合同；不得安排经期、孕期、哺乳期女职工从事禁忌劳动范围的劳动；对孕期、哺乳期延长女职工劳动时间和夜班劳动的限制；产假和哺乳假等规定。

7 用人单位应采取哪些措施做好女职工劳动保护？

为切实做好女职工劳动保护工作，用人单位应当严格遵守国家有关劳动安全卫生法律、法规，不得安排女职工从事禁忌劳动；要采取措施改善劳动安全卫生条件，加强对劳动安全卫生设备、设施的管理，加强对危险物品、危险源的管理，提供符合标准要求的劳动安全卫生防护用品，进行经常性的劳动安全卫生检查；要保障女职工的知情权，将本单位属于女职工禁忌从事的劳动范围的岗位，书面告知女职工；要对女职工进行劳动安全卫生知识培训，使女职工了解有关劳动安全卫生法律、法规和标准，掌握与本职工作相关的劳动卫生知识与技能，掌握符合劳动安全卫生要求的操作规程，学习正确使用劳动保护防护用品，掌握可能发生事故的应急救援措施，帮助女职工提高自我防护意识和技能。

8 用人单位能否要求女职工生育“排队”？ >>>

根据我国《妇女权益保障法》第三十二条规定，妇女依法享有生育子女的权利，也有不生育子女的自由。也就是说，任何单位不得侵犯妇女生育自由的权利。同时根据《妇女权益保障法》第四十四条规定，用人单位在录（聘）用女职工时，应当依法与其签订劳动（聘用）合同或者服务协议，劳动（聘用）合同或者服务协议中应当具备女职工特殊保护条款，并不得规定限制女职工结婚、生育等内容。因此，单位内部“生育排队”的规定是违反法律规定的。

9 用人单位能否降低孕期、产期、哺乳期女职工工资或与其解除劳动合同？

《妇女权益保障法》《劳动法》《劳动合同法》《女职工劳动保护特别规定》等均作出规定，为减轻女职工在怀孕、哺乳期间的经济压力和心理压力，确保母婴健康提供了法律保障。《女职工劳动保护特别规定》第五条明确规定：“用人单位不得因女职工怀孕、生育、哺乳降低其工资、予以辞退、与其解除劳动或者聘用合同。”根据《劳动合同法》第四十二条、第四十五条规定，如果不存在该法第三十九条规定的六种情形之一的，处于孕期、产期、哺乳期的女职工也没有主动提出辞职或者提出解除、终止劳动合同的，用人单位就不得辞退女职工或者与其解除、终止劳动合同；即使此时双方签订的劳动合同到期，如果女职工没有同意终止劳动合同，用人单位也不得单方终止劳动合同，劳动合同期限自动延长到孕期、产期、哺乳期结束。

10 女职工在经期可享受哪些特殊劳动保护？

女职工在月经期间，正常的生理机能和肌体活动能力出现变化，身体防御能力暂被破坏，生理波动较大，作业能力下降，工作效率降低。月经期间的女职工可以照常劳动，但不能参加过重的体力劳动，不能参加高处、低温、冷水等作业。《女职工劳动保护特别规定》附录第二条规定了女职工在经期禁忌从事的劳动范围：

（1）冷水作业分级标准中规定的第二级、第三级、第四级冷水作业；

（2）低温作业分级标准中规定的第二级、第三级、第四级低温作业；

（3）体力劳动强度分级标准中规定的第三级、第四级体力劳动强度的作业；

（4）高处作业分级标准中规定的第三级、第四级高处作业。

此外，《女职工保健工作规定》规定，患有重度痛经及月经过多的女职工，经医疗或妇幼保健机构确诊后，月经期间可适当给予 1 至 2 天的休假。

11 女职工在孕期可享受哪些特殊劳动保护？

孕期主要指女性从受孕到产出胎儿的一段时间，通常为280天。女职工怀孕后，体内各系统负担加重，劳动能力受到一定影响，因此，应当在劳动中获得特殊保护，以保证孕妇健康和胎儿的正常发育。

根据《女职工劳动保护特别规定》第六条第一款和第二款的规定，女职工在孕期不能适应原劳动的，用人单位应当根据医疗机构的证明，予以减轻劳动量或者安排其他能够适应的劳动；对怀孕7个月以上的女职工，用人单位不得延长劳动时间或者安排夜班劳动，并应当在劳动时间内安排一定的休息时间。此外，用人单位不得安排怀孕女职工从事怀孕期间禁忌从事的劳动。

注意，对怀孕7个月以上的女职工，不得安排其延长工作时间和夜班劳动是一个强制性规定，不因用人单位支付加班加点工资而通融。如果用人单位违反了这一规定，根据《女职工劳动保护特别规定》第十三条规定，由人力资源社会保障行政部门责令限期改正，按照受侵害女职工每人1000元以上 5000 元以下的标准计算，处以罚款。

12 怀孕女职工在劳动时间内按规定进行产前检查是否算作劳动时间？ >>>

产前检查是妊娠期对孕妇和胎儿所做的临床检查。由于胎儿的生长发育，孕妇身体各系统会出现一系列相应的变化，若超越生理范围或孕妇本身患有某种疾病不能适应妊娠的改变，则孕妇和胎儿都可能出现病理情况。通过产前检查，能够及早发现并防治合并症（孕妇原有疾病如心脏病）和并发症（孕期发生的疾病如妊娠高血压综合征），及时纠正异常胎位和发现胎儿异常、确定分娩方式，对母婴健康有重要意义。因此，《女职工劳动保护特别规定》第六条第三款规定：怀孕女职工在劳动时间内进行产前检查，所需时间计入劳动时间。

13 用人单位能否调整怀孕女职工的工作岗位？ >>>

调整怀孕女职工工作岗位有两种情况：

（1）必须调整的情形。即如果女职工怀孕前从事的工作属于孕期禁忌从事的劳动范围，怀孕后必须调离原工作岗位，改为从事不属于孕期禁忌从事的劳动。

（2）可以调整的情形。即虽然女职工孕期从事的工作不属于禁忌从事的劳动范围，但如果怀孕女职工本人感到不能适应孕前工作，用人单位应当根据医疗机构的证明，减轻其劳动量或者安排其他能够适应的劳动。

14 用工单位能否将怀孕的劳务派遣女职工退回劳务派遣单位？

依据《劳务派遣暂行规定》的规定，被派遣的女职工处于孕期、产期、哺乳期（“三期”）内的，在派遣期限届满前，用工单位不得因经济性裁员、客观情况发生重大变化将“三期”女职工退回劳务派遣单位；派遣期限届满的，应当延续至相应情形消失时方可退回。

15 女职工生育享受多少天产假？

《女职工劳动保护特别规定》第七条规定，女职工生育享受 98 天产假，其中产前可以休假 15 天；难产的，增加产假 15 天；生育多胞胎的，每多生育 1 个婴儿，增加产假 15 天。

女职工怀孕未满 4 个月流产的，享受 15 天产假；怀孕满 4 个月流产的，享受 42 天产假。

根据 2021 年 8 月 20 日修正的《人口与计划生育法》的相关规定，符合法律、法规规定生育子女的夫妻，可以获得延长生育假的奖励或者其他福利待遇。国家支持有条件的地方设立父母育儿假。省、自治区、直辖市和设区的市、自治州的人民代表大会及其常务委员会或者人民政府可以依据本法和有关法律、行政法规的规定，结合当地实际情况，制定具体实施办法。

各地产假和男方护理假（陪产假）一览表

地区	产假	护理假（陪产假）	法规依据
北京市	158（98+60）天 （多胞胎多一个 +15 天） （难产 +15 天）	15 天	《北京市人口与计划生育条例（2021 修正）》第十九条
天津市	158（98+60）天 （多胞胎多一个 +15 天） （难产 +15 天）	15 天	《天津市人口与计划生育条例（2021 修正）》第十八条
河北省	158 天（一孩、二孩） 188 天（三孩） （多胞胎多一个 +15 天） （难产 +15 天）	15 天	《河北省女职工劳动保护特别规定》第九条 《河北省人口与计划生育条例（2021 年修订）》第二十五条

续　表

地区	产假	护理假（陪产假）	法规依据
山西省	158天 （多胞胎多一个+15天） （难产+15天）	15天	《山西省女职工劳动保护条例（2022修正）》第十四条 《山西省人口和计划生育条例（2021年修订）》第二十五条
内蒙古自治区	158天（一孩、二孩） 188天（三孩） （多胞胎多一个+15天） （难产+15天）	25天	《内蒙古自治区人口与计划生育条例（2022修正）》第三十条

续 表

地区	产假	护理假（陪产假）	法规依据
辽宁省	158天 （多胞胎多一个+15天） （难产+15天）	20天	《辽宁省女职工劳动保护办法》第八条 《辽宁省人口与计划生育条例（2021年修正）》第十九条
吉林省	180天 （多胞胎多一个+15天） （难产+15天）	25天	《吉林省人口与计划生育条例（2021年修正）》第四十二条
黑龙江省	180天 （多胞胎多一个+15天） （难产或剖宫产+15天）	15天	《黑龙江省女职工劳动保护条例》第十一条 《黑龙江省人口与计划生育条例（2021年修正）》第三十四条

续 表

地区	产假	护理假（陪产假）	法规依据
上海市	158 天 （多胞胎多一个 +15 天） （难产 +15 天） （符合晚育条件 +30 天）	10 天	《上海市人民政府关于贯彻实施〈女职工劳动保护特别规定〉调整本市女职工生育保险待遇有关规定的通知》第一条 《上海市人口与计划生育条例（2021 年修正）》第三十一条
江苏省	158 天 （多胞胎多一个 +15 天） （难产 +15 天）	15 天	《江苏省女职工劳动保护特别规定》第十二条 《江苏省人口与计划生育条例（2021 年修正）》第二十四条

续 表

地区	产假	护理假（陪产假）	法规依据
浙江省	158天（一孩） 188天（二孩、三孩） （多胞胎多一个+15天） （难产+15天）	15天	《浙江省女职工劳动保护办法（2023年修正）》第十四条 《浙江省人口与计划生育条例（2021年修正）》第二十二条
安徽省	158天 （多胞胎多一个+15天） （难产或剖宫产+15天）	30天	《安徽省女职工劳动保护特别规定》第十条 《安徽省人口与计划生育条例（2021年修订）》第三十二条

续 表

地区	产假	护理假（陪产假）	法规依据
福建省	158—180 天 （多胞胎多一个 +15 天） （难产 +15 天）	15 天	《福建省女职工劳动保护条例》第十三条 《福建省人口与计划生育条例（2022 修正）》第二十四条
江西省	188 天 （多胞胎多一个 +15 天） （难产或剖宫产 +15 天）	30 天	《江西省女职工劳动保护特别规定》第十二条 《江西省人口与计划生育条例（2021 年修正）》第三十一条

续 表

地区	产假	护理假（陪产假）	法规依据
山东省	158天 （多胞胎多一个+15天） （难产+15天）	15天	《山东省女职工劳动保护办法》第十二条 《山东省人口与计划生育条例（2025修正）》第二十六条
河南省	98天＋3个月 （多胞胎多一个+15天） （难产或剖宫产+15天）	1个月	《河南省女职工劳动保护特别规定》第十一条 《河南省人口与计划生育条例（2021年修正）》第二十五条

续 表

地区	产假	护理假（陪产假）	法规依据
湖北省	158 天 （多胞胎多一个 +15 天） （难产 +15 天）	15 天	《湖北省人口与计划生育条例（2022 年修正）》第三十一条 《〈湖北省人口与计划生育条例〉有关问题解答》
湖南省	158 天 （多胞胎多一个 +15 天） （难产 +15 天）	20 天	《湖南省女职工劳动保护特别规定》第八条 《湖南省人口与计划生育条例（2023 年修正）》第十六条

续 表

地区	产假	护理假（陪产假）	法规依据
广东省	178天 （多胞胎多一个+15天） （难产+30天）	15天	《广东省实施〈女职工劳动保护特别规定〉办法》第十一条 《广东省人口与计划生育条例（2021年修正）》第三十条
广西壮族自治区	158天（一孩） 168天（二孩） 178天（三孩） （多胞胎多一个+15天） （难产+15天）	25天	《广西壮族自治区人口和计划生育条例（2022修订）》第二十七条

续　表

地区	产假	护理假（陪产假）	法规依据
海南省	98 天＋ 3 个月 （多胞胎多一个 +15 天） （难产 +15 天）	15 天	《海南省人口与计划生育条例（2021 修正）》第二十七、二十八条
重庆市	178 天 （多胞胎多一个 +15 天） （难产 +15 天）	20 天	《重庆市人口与计划生育条例（2021 修正）》第二十三条
四川省	158 天 （多胞胎多一个 +15 天） （难产 +15 天）	20 天	《四川省人口与计划生育条例（2021 年修正）》第二十四条

续 表

地区	产假	护理假（陪产假）	法规依据
贵州省	158天 （多胞胎多一个+15天） （难产+15天）	15天	《贵州省人口与计划生育条例（2021年修正）》第三十三条
云南省	158天 （多胞胎多一个+15天） （难产+15天）	30天	《云南省人口与计划生育条例（2022修正）》第十八条
西藏自治区	1年（西藏户籍）	30天	《西藏自治区卫生和计划生育委员会、西藏自治区人力资源和社会保障厅关于调整西藏自治区干部职工两孩生育待遇的通知》第三条

续　表

地区	产假	护理假（陪产假）	法规依据
陕西省	158 天 +10 天（参加孕前检查） +15 天（三孩） （难产或剖宫产 +15 天）	15 天	《陕西省实施女职工劳动保护特别规定》第十四条 《陕西省人口与计划生育条例（2022 修订）》第四十五条
甘肃省	180 天 （多胞胎多一个 +15 天） （难产 +15 天）	30 天	《甘肃省人口与计划生育条例（2021 年修正）》第十八条

续 表

地区	产假	护理假（陪产假）	法规依据
青海省	188天 （多胞胎多一个+15天） （难产+15天）	15天	《青海省女职工劳动保护实施办法（2020修订）》第十条 《青海省人口与计划生育条例（2021修正）》第十六条
宁夏回族自治区	158天 （多胞胎多一个+15天） （难产+15天）	25天	《宁夏回族自治区女职工劳动保护办法》第十二条 宁夏回族自治区人口与计划生育条例（2021年第二次修正）》第三十八条

续　表

地区	产假	护理假（陪产假）	法规依据
新疆维吾尔自治区	158 天 （多胞胎多一个 +15 天） （难产 +15 天）	20 天	《新疆维吾尔自治区人口与计划生育条例（2022 修订）》第二十条

注：根据各地人口与计划生育条例、女职工劳动保护特别规定实施办法整理［其中，西藏自治区根据《关于调整西藏自治区干部职工两孩生育待遇的通知》（藏卫发〔2017〕237 号）整理］（截至 2025 年 6 月），仅供参考。

16 女职工生育或流产期间的工资如何支付？

《女职工劳动保护特别规定》第八条第一款规定：女职工产假期间的生育津贴，对已经参加生育保险的，按照用人单位上年度职工月平均工资的标准由生育保险基金支付；对未参加生育保险的，按照女职工产假前工资的标准由用人单位支付。

17 女职工生育和流产的医疗费用如何支付？

《女职工劳动保护特别规定》第八条第二款规定：女职工生育或者流产的医疗费用，按照生育保险规定的项目和标准，对已经参加生育保险的，由生育保险基金支付；对未参加生育保险的，由用人单位支付。

18 什么是生育保险？

生育保险是国家通过立法，在劳动者因生育子女而暂时中断劳动时，由国家和社会及时给予物质帮助的一项社会保险制度。我国生育保险待遇主要包括两项：一是生育医疗待遇；二是生育津贴。

生育保险是社会保障制度的重要内容之一，推行生育保险制度，可使我国的社会保险制度得以健全，使社会成员都能分享到社会发展的成果。

19 生育保险费如何缴纳？职工个人是否需要缴纳生育保险费？

《社会保险法》第五十三条规定，职工应当参加生育保险，由用人单位按照国家规定缴纳生育保险费，职工不缴纳生育保险费。

2019 年，生育保险和职工基本医疗保险合并实施，统一征缴。按照用人单位参加生育保险和职工基本医疗保险的缴费比例之和确定新的用人单位职工基本医疗保险费率。

20 生育保险待遇主要包括哪些内容？

生育保险待遇包括生育医疗费用和生育津贴。

生育医疗费用包括下列几项：（1）生育的医疗

费用；（2）计划生育的医疗费用；（3）法律、法规规定的其他项目费用。

职工有下列情形之一的，可以按照国家规定享受生育津贴：（1）女职工生育享受产假；（2）享受计划生育手术休假；（3）法律、法规规定的其他情形。

21 哪些人可以享受生育保险待遇？

根据《社会保险法》规定，以下人员可以享受生育保险待遇：

（1）用人单位已缴纳生育保险费的职工：用人单位按时足额缴纳生育保险费后，其在职职工不论男女均可享受生育保险待遇。女职工在生育享受产假、享受计划生育手术休假等情形下，可获得生育津贴，同时生育或施行计划生育手术等产生的医疗费用可从生育保险基金支付。男职工在其配偶生育时，若符合当地规定，也可享受一定的陪产假及相应津贴等福利。

（2）职工未就业配偶：职工未就业配偶按照国家规定享受生育医疗费用待遇，所需资金从生育保险基金中支付，但不享受生育津贴。不过，部分地区对未就业配偶享受待遇有一定条件限制，如要求配偶符合国家生育政策等。

22 哺乳期女职工的哺乳时间是如何规定的？

哺乳期是指女职工生产后，对未满 1 周岁的婴儿进行哺乳的时期。其间是女职工给婴儿进行哺乳的法定时间（包括人工喂养和母乳喂养）。《女职工劳动保护特别规定》第九条第二款规定：用人单位应当在每天的劳动时间内为哺乳期女职工安排 1 小时哺乳时间；女职工生育多胞胎的，每多哺乳 1 个婴儿每天增加 1 小时哺乳时间。哺乳时间算作劳动时间。

23 女职工在哺乳期内用人单位不得安排其从事哪些劳动？

女职工生育至哺乳期内，身体恢复需要一定的时间，同时承担着哺乳婴儿的责任。女职工的身体健康直接影响下一代的健康，对此，《女职工劳动保护特别规定》第九条第一款规定：对哺乳未满1周岁婴儿的女职工，用人单位不得延长劳动时间或者安排夜班劳动。

女职工在哺乳期间禁忌从事的劳动范围有：

（1）作业场所空气中铅及其化合物、汞及其化合物、苯、镉、铍、砷、氰化物、氮氧化物、一氧化碳、二硫化碳、氯、己内酰胺、氯丁二烯、氯乙烯、环氧乙烷、苯胺、甲醛等有毒物质浓度超过国家职业卫生标准的作业；

（2）非密封源放射性物质的操作，核事故与放射事故的应急处置；

（3）体力劳动强度分级标准中规定的第三级、第四级体力劳动强度的作业；

（4）作业场所空气中锰、氟、溴、甲醇、有机磷化合物、有机氯化合物等有毒物质的浓度超过国家职业卫生标准的作业。

24 用人单位是否应建立女职工卫生室、孕妇休息室、哺乳室等设施？

女职工卫生室、孕妇休息室、哺乳室是用人单位为保护广大女职工身体健康，方便孕期、哺乳期女职工休息及哺乳婴儿而专门设立的。《女职工劳动保护特别规定》第十条规定：女职工比较多的用人单位应当根据女职工的需要，建立女职工卫生室、孕妇休息室、哺乳室等设施，妥善解决女职工在生理卫生、哺乳方面的困难。

25 用人单位是否应对女职工定期进行妇科疾病检查？

女职工的身体结构和生理机能决定了她们在参与国家经济建设的同时还承担了繁衍后代的责任，女职工的健康状况关系下一代和整个民族的健康。因此，保护女职工的身体健康是用人单位应尽的责任和义务。《女职工保健工作规定》第十三条第三款规定：进入更年期的女职工应每 1 至 2 年进行一次妇科疾病的查治。第十四条规定：对女职工定期进行妇科疾病及乳腺疾病的查治。

26 我国法律法规关于预防和制止性骚扰有哪些规定？

《民法典》第一千零一十条规定：违背他人意愿，以言语、文字、图像、肢体行为等方式对他人实施性骚扰的，受害人有权依法请求行为人承担民事责任。机关、企业、学校等单位应当采取合理的预防、受理投诉、调查处置等措施，防止和制止利用职权、从属关系等实施性骚扰。

《妇女权益保障法》第二十三条第一款规定：禁止违背妇女意愿，以言语、文字、图像、肢体行为等方式对其实施性骚扰。第八十条规定：违反本法规定，对妇女实施性骚扰的，由公安机关给予批评教育或者出具告诫书，并由所在单位依法给予处分。学校、用人单位违反本法规定，未采取必要措施预防和制止性骚扰，造成妇女权益受到侵害或者社会影响恶劣的，由上级机关或者主管部门责令改正；拒不改正或者情节严重的，依法对直接负责的主管人员和其他直接责任人员给予处分。

《女职工劳动保护特别规定》第十一条规定：在

劳动场所，用人单位应当预防和制止对女职工的性骚扰。

对于实施性骚扰的行为，《刑法》明确规定了猥亵、侮辱妇女罪及侮辱、诽谤罪。《治安管理处罚法》第五十二条也规定：猥亵他人的，或者在公共场所故意裸露身体，情节恶劣的，处五日以上十日以下拘留；猥亵精神病人、智力残疾人、不满十四周岁的人或者有其他严重情节的，处十日以上十五日以下拘留。《最高人民法院关于增加民事案件案由的通知》在第九部分“侵权责任纠纷”的“348 、教育机构责任纠纷”之后增加一个第三级案由“348 之一、性骚扰损害责任纠纷”。

27 什么是工作场所性骚扰？

工作场所性骚扰是在工作过程中发生的，与工作有关或由工作产生的性骚扰行为。工作场所性骚扰主要包括交换型的性骚扰和敌意工作环境型的性骚扰。

交换型的性骚扰：实施者（如单位上级领导或公司主管等）利用职权或职务之便提出性方面的要

求，以此作为受骚扰者获得与工作有关的机会或待遇（如录用、晋升、加薪、培训机会、调岗、职业稳定等）的交换条件。受骚扰者如果不接受此要求，可能失去这些机会或待遇。无论受骚扰者实际上是否获得了骚扰者用以交换的与工作有关的机会或待遇，都可能构成交换型的性骚扰。

敌意工作环境型的性骚扰：任何人以具有性意味的言辞或行为，造成他人处于敌意性、胁迫性或冒犯性的工作环境。即使行为不针对任何特定职工，但造成一种性别不友好的工作环境或文化，也可能构成性骚扰。例如，淫秽色情材料的展示、“黄段子”、性暗示或令人反感的笑话等。

28 用人单位如何预防和制止工作场所性骚扰？

（1）用人单位可以从以下 6 个环节预防工作场所性骚扰。

环节 1：领导层明确承诺对性骚扰零容忍。领导层高度重视工作场所性骚扰防治工作，承诺对性骚扰行为零容忍。承诺建立以预防为主的制度机制，营造安全、健康、互相尊重、和谐相处的工作环境。

杜绝来自领导层的性骚扰行为，并要求各级管理层做好预防和制止工作场所性骚扰的工作。

环节 2：全面调查性骚扰存在状况及防治机制的有效性。在工会和职工代表的参与下，调查本单位性骚扰状况并评估发生性骚扰的风险，调查本单位防治性骚扰制度机制建设及执行情况，提出改进的具体措施。

环节 3：确立防治性骚扰工作的目标和方案。确立消除工作场所性骚扰的工作目标，制定预防和制止性骚扰的策略和具体方案。确立责任部门和责任人员牵头处理本单位防治性骚扰的相关工作，明确高层管理者负责组织消除工作场所性骚扰规章制度的制定、实施和过程监督。

环节 4：建立健全防治性骚扰的制度。制定关于消除工作场所性骚扰的专项规章制度，也可以将防治性骚扰纳入更广泛的禁止工作场所各种歧视和骚扰的规章制度，并确保把消除工作场所性骚扰纳入用人单位现有的核心管理制度与实践中。

环节 5：宣传、教育、培训。通过现场宣讲、电话会议、电子信息传输以及在宣传栏张贴相关规章制度和宣传画等方式进行持续性的明示、教育和培训，让全体职工知悉本单位禁止性骚扰的规定，也让客户、顾客了解性骚扰是不被容忍的，鼓励全体职工同性骚扰行为作斗争。

环节6：自查和监督。监测性骚扰防治方案实施情况，将实施的进展和面临的问题及时与有关各方沟通，并有针对性地提出改进方案和措施，以防止性骚扰的发生。建立工会及职工评议、监督制度，明确工会参与、监督的权利和职责，保证男女职工享有平等的知情权、参与权、表达权和监督权。

（2）用人单位可以从以下3个环节制止工作场所性骚扰。

环节1：受理投诉。明示投诉举报受理部门及人员，设置电话、传真、信箱、电子邮箱等多形式投诉举报渠道；确保职工可以通过保密方式对性骚扰行为进行投诉；采取措施确保提出投诉的职工不受纪律惩戒和报复；建立并完善对性骚扰投诉的记录、解决及跟进的各项程序。

环节2：调查。接到性骚扰投诉后，立即采取行动对投诉进行有效调查，并在适当情况下提供补救措施。应注意对所有性骚扰的报告和投诉进行保密记录，还应就如何记录性骚扰投诉制定明确的规定，并确保所有职工都了解其在用人单位相关规章制度下的义务。

环节 3：处置。建立健全性骚扰处置、惩戒的制度措施，并确保惩戒措施的公正和有效执行。对性骚扰实施者按照用人单位规章制度中列举的惩戒标准及措施追究其责任。

29 女职工怀孕、流产或者生育期间能否离婚？>>>

依照《民法典》《婚姻法》和《妇女权益保障法》的规定，女方在怀孕期间、分娩后一年内或者终止妊娠后六个月内，男方不得提出离婚；但是，女方提出离婚或者人民法院认为有必要受理男方离婚请求的除外。

30 何为家庭暴力？女职工遭遇家庭暴力该如何处理？>>>

家庭暴力，是指家庭成员之间以殴打、捆绑、残害、限制人身自由以及经常性谩骂、恐吓等方式实施的身体、精神等侵害行为。2015 年 12 月第十二届全国人大常委会第十八次会议通过了《反家庭暴力法》，并于2016年3月1日起施行。《反家庭暴力法》为预防和制止家庭暴力，保护家庭成员的合法权益，促进家庭和谐提供了法律保障。2021年实施的《民法典》也明确规定“禁止家庭暴力”，并规定了实施家庭暴力的行为人需要承担的民事责任。

家庭暴力受害者绝大多数是女性，女职工作为家庭的重要成员，应当学好用好《民法典》《反家庭暴力法》，在遇到家庭暴力时，女职工要注意：

（1）树立一种意识，即家庭暴力不再是“家丑”，它已经上升为一种严重的社会问题，“家丑不可外扬”的观念早已经过时，所以在遭遇家庭暴力时，要大胆地说出来。

（2）在紧急情况下，要学会求助于外界。《反家庭暴力法》为家庭暴力受害者设立了较为充分的救济途径，包括家庭纠纷的调解、报警求助、申请庇护、申请人身安全保护令、起诉追究法律责任等。《民法典》也规定，实施家庭暴力，无过错方有权请求损害赔偿。

（3）受到严重伤害和虐待时，要注意收集证据。

如在遭遇家庭暴力时，可以用手机将过程拍下来，或家里人也可以作证（例如老人或者孩子）；伤势严重时要在第一时间去医院，并保留好验伤报告、医生诊断证明等，这些以后都可以作为存在家庭暴力的有力证据。

（4）如果经过努力，对方仍不改暴力恶习，离婚不失为一种理智的选择，这也是摆脱家庭暴力的一种方法。《民法典》规定，对存在实施家庭暴力、遗弃等夫妻双方达不成离婚一致意见的，人民法院应当准予离婚。

31 什么是女职工权益保护专项集体合同？

女职工权益保护专项集体合同，是指用人单位一方与职工一方根据法律、法规、规章的规定，就女职工合法权益和特殊权益方面的内容通过平等协商签订的专项书面协议，对于用人单位和本单位的女职工具有法律约束力。

《劳动合同法》第五十二条规定："企业职工一方与用人单位可以订立劳动安全卫生、女职工权益保护、工资调整机制等专项集体合同。"

32 女职工权益保护专项集体合同主要包括哪些内容？

女职工权益保护专项集体合同主要包括的内容有：

（1）女职工的劳动经济权利：劳动就业、同工同酬、休息休假、保险福利待遇等。

（2）女职工的特殊权益：女职工禁忌劳动保护、“四期”保护、妇科疾病普查、生育待遇等。

（3）女职工的政治文化教育发展权利：参与企业民主管理、职业教育、技术技能培训、晋职晋级等。

（4）双方认为应当协商的其他内容。

33 女职工权益保护专项集体合同与集体合同中涉及女职工权益的专项附件、专章有何区别？

女职工权益保护专项集体合同与集体合同中女职工专项附件、专章的协商和签订的程序、法律效力一样，都要经过要约、协商、职代会审议通过、双方首席代表签字、报送劳动行政部门审查、公示或告知等程序，但女职工权益保护专项集体合同必须经过协商双方首席代表单独签字确认，而集体合同中的附件、专章只需在综合性集体合同上签字即可。因此，前者是法律要件齐备、可以单独成立的专门合同，后两者则依附于综合性集体合同而存在。

34 签订女职工权益保护专项集体合同的工作程序有哪些？

（1）准备工作。

一是产生协商代表、首席代表。女职工一方的协商代表应由本单位工会选派，首席代表由本单位工会主席担任，工会主席也可以书面委托工会女职工委员会主任担任首席代表。用人单位一方的协商代表，由用人单位法定代表人指派，首席代表一般由单位法定代表人担任，特殊情况下可由其书面委托的其他管理人员担任。

二是开展专项培训。根据女职工权益保护专项集体合同工作需要，对职工协商代表开展有针对性的培训。

三是起草集体合同草案。职工协商代表会同本单位工会女职工工作者在对企业女职工权益保护状况进行调查和分析的基础上，起草《女职工权益保护专项集体合同（草案）》，并广泛征求用人单位和女职工意见，进一步修改和完善。

（2）协商签约。

工会和工会女职工组织代表与企业行政方代表就《女职工权益保护专项集体合同（草案）》开展平等协商。经双方协商一致同意，将《女职工权益保护专项集体合同（草案）》提交职工代表大会或职工大会审议通过后，由双方的首席代表签字。

（3）报送与审查。

女职工权益保护专项集体合同签订后，要报送当地社会保障行政部门进行审查和备案。社会保障行政部门自收到文本之日起15日内未提出异议的，女职工权益保护专项集体合同即行生效。

（4）履约及监督检查。

女职工权益保护专项集体合同应当自其生效之日起由用人单位及时向单位全体人员公布公示，或者告知女职工，用人单位和全体女职工都要严格执行。集体合同监督检查小组应有工会女职工组织的代表参加，对女职工权益保护专项集体合同履行情况定期进行检查和监督。对发现的问题要督促用人单位采取措施进行整改，同时每年应至少将女职工权益保护专项集体合同履行情况向职工代表大会报告一次，接受职工的监督。

35 女职工的合法权益受到侵害时应如何维权？

女职工要增强法律意识和自我保护意识，根据不同的侵权行为、侵权内容，运用法律武器来维护自己的正当权益。《妇女权益保障法》《劳动法》《劳动合同法》《女职工劳动保护特别规定》等多部国家法律、法规，都明确规定了保护女职工合法权益和特殊权益不受侵犯，任何侵害女职工权益的行为都是违法的。广大女职工可以通过以下途径依法维护自己的合法权益：

（1）向工会及工会女职工组织寻求帮助。

工会及工会女职工组织是代表女职工利益的群众组织，是党和政府联系广大女职工的桥梁和纽带。代表和维护广大女职工的合法权益和特殊权益是各级工会女职工组织的基本职责，因此女职工权益受到侵害时，可以向所在单位或地方的工会女职工组织寻求帮助。

（2）向调解组织、劳动争议仲裁委员会申请调解和仲裁。

女职工因劳动关系发生的争议；因订立、履行、变更、解除和终止劳动合同发生的争议；因除名、辞退和辞职、离职发生的争议；因工作时间、休息休假、社会保险、福利、培训以及劳动保护发生的争议；因劳动报酬、工伤医疗费、经济补偿或者赔偿金等发生的争议；因法律、法规规定的其他劳动争议，均可以与用人单位协商，也可以请工会或者第三方共同与用人单位协商达成和解协议。

发生劳动争议后，女职工不愿协商、协商不成或者达成和解协议后不履行的，可以向企业劳动争议调解委员会、依法设立的基层人民调解组织、在乡镇及街道设立的具有劳动争议调解职能的组织申请调解；不愿调解、调解不成或者达成调解协议后不履行的，女职工可以向劳动争议仲裁委员会申请仲裁；对仲裁裁决不服的，除法律另有规定外，可以向人民法院提起诉讼。

依据《劳动争议调解仲裁法》的规定，女职工向劳动人事争议调解仲裁机构申请调解仲裁的时效期间为 1 年，仲裁时效期间从当事人知道或者应当知道其权利被侵害之日起计算。对仲裁决定不服的，自收到仲裁决定之日起 15 日内可以向人民法院起诉。

（3）可以要求有关主管部门处理。

女职工因人身、财产权益受到侵害，可以要求公安机关制止和处理；因劳动和社会保障权益受到侵犯，可以要求劳动和社会保障部门处理；对于通过传播媒介或者其他方式贬低女职工人格的行为，可以要求文化、新闻等有关主管部门依据各自的职权责令改正，并依法给予行政处罚。

（4）可以向人民法院提起诉讼。

女职工的民事权益（如财产权益、婚姻家庭权益等）受到公民或组织的侵害时，可以向人民法院提起民事诉讼。女职工的权益如被行政机关和行政机关工作人员的具体行为所侵犯，当事人可以将行政机关作为被告向人民法院提起行政诉讼。女职工的人身权利受到不法侵害，可以用自诉方式向人民法院提起刑事诉讼，要求追究行为人刑事责任。

第3部分

学习试题

单选题

（每题2分，共110分）

1.《宪法》规定，中华人民共和国妇女在政治的、经济的、文化的、社会的和家庭的生活等各方面享有同男子平等的权利。国家保护妇女的权利和利益，实行男女（　　），培养和选拔妇女干部。

A. 同工同酬　　B. 均衡就业

C. 政治平等　　D. 机会均等

2.《劳动法》规定，妇女享有与男子平等的就业权利。在录用职工时，除国家规定的不适合妇女的工种或者岗位外，不得以（　　）为由拒绝录用妇女或者提高对妇女的录用标准。

A. 性别　　B. 身高

C. 相貌　　D. 学历

3.《妇女权益保障法》规定，实行（　　）是国家的基本国策。国家采取必要措施，逐步完善保障妇女权益的各项制度，消除对妇女一切形式的歧视。国家保护妇女依法享有的（　　）权益。

A. 计划生育，合法

B. 计划生育，特殊

C. 男女平等，特殊

D. 男女平等，合法

4.《妇女权益保障法》规定，国家保障妇女享有与男子平等的（　　）权利和（　　）权利。

A. 劳动，民事

B. 劳动，社会保障

C. 就业，社会保障

D. 劳动，社会经济权利

5.《妇女权益保障法》规定，任何单位不得因（　　）等情形，降低女职工的工资，辞退女职工，单方解除劳动（聘用）合同或者服务协议。但是，女职工要求终止劳动（聘用）合同或者服务协议的除外。

A. 结婚、怀孕

B. 结婚、怀孕、产假、哺乳

C. 结婚、怀孕、产假

D. 怀孕、产假、哺乳

6.《妇女权益保障法》规定，国家积极培养和选拔女干部。国家机关、群团组织、企事业单位培养、选拔和任用干部，必须坚持（　　）的原则，并有（　　）的妇女担任领导成员。

A. 男女平等，少数

B. 男女平等，固定比例

C. 男女平等，适当数量

D. 机会均等，少数

7.《妇女权益保障法》规定，在（　　）等方面，应当坚持男女平等的原则，不得歧视妇女。

A. 晋职、评定职称

B. 晋级、评定职称

C. 评定职称和专业技术职务

D. 晋职、晋级、评聘专业技术职称和职务

8.《就业促进法》规定，用人单位录用女职工，不得在劳动合同中规定限制女职工（　　）的内容。

A. 恋爱、结婚　　B. 休息、休假

C. 结婚、生育　　D. 晋职、晋级

9.《人口与计划生育法》规定，国家提倡一对夫妻生育（　　）子女。

A. 一个　　B. 两个

C. 三个　　D. 四个

10.《人口与计划生育法》规定，符合法律、法

规规定生育子女的夫妻，可以获得（　　）的奖励或者其他福利待遇。

A. 延长生育假

B. 颁发荣誉证书

C. 减免子女学费

D. 发放计划生育津贴

11.《女职工劳动保护特别规定》自（　　）年 4 月 28 日公布之日起施行，1988 年 7 月 21 日国务院发布的《女职工劳动保护规定》同时废止。

A. 2010　　B. 2011

C. 2012　　D. 2013

12.《女职工劳动保护特别规定》的适用范围是（　　）。

A. 国家机关、人民团体、企业、事业单位的女职工

B. 国家机关、企业、事业单位、社会团体、个体经济组织

C. 国家机关、企业、事业单位、社会团体、个体经济组织以及其他社会组织等用人单位

D. 国家机关、企业、事业单位、社会团体、个体经济组织以及其他社会组织等用人单位及其女职工

13. 女职工“四期”保护是对女性生理机能变化过程即（　　）的劳动保护。

A. 经期、孕期、产期、更年期

B. 经期、孕期、产期、哺乳期

C. 经期、孕期、哺乳期、更年期

D. 孕期、产期、哺乳期、更年期

14. 依据《女职工劳动保护特别规定》，用人单位应当将本单位属于女职工禁忌从事的劳动范围的岗位（　　）告知女职工。

A. 口头　　B. 书面

C. 电话　　D. 微信

15. 依据《女职工劳动保护特别规定》，用人单位不得因女职工怀孕、生育、哺乳降低其工资、予以辞退、（　　）。

A. 减少晋职机会

B. 增加劳动量

C. 减少培训机会

D. 与其解除劳动或者聘用合同

16. 依据《劳动合同法》，以下哪种情形用人单位可以解除与孕期、产期、哺乳期女职工的劳动合同。（　　）

A. 企业生产经营发生严重困难

B. 劳动合同期满

C. 劳动者被依法追究刑事责任

D. 劳动者不能胜任工作，经过培训或者调整工作岗位，仍不能胜任工作

17.《劳动合同法》规定，企业职工一方与用人单位可以订立劳动安全卫生、（　　）、工资调整机制等专项集体合同。

A. 休息休假保护

B. 女职工权益保护

C. 职工福利待遇

D. 生育权利保护

18.《妇女权益保障法》规定，女方在怀孕期间、分娩后（　　）内或者终止妊娠后（　　）内，男方不得提出离婚。女方提出离婚的，或者人民法院认为确有必要受理男方离婚请求的，不在此限。

A. 一年，一年

B. 六个月，一年

C. 一年，六个月

D. 六个月，六个月

19. 依据《女职工保健工作规定》，患有重度痛

经及月经过多的女职工，经医疗或妇幼保健机构确诊后，月经期间可适当给予（ ）天的休假。

A. 1　　B. 1至2

C. 2　　D. 2至3

20. 依据《女职工劳动保护特别规定》，女职工在孕期不能适应原劳动的，用人单位应当根据（ ），予以减轻劳动量或者安排其他能够适应的劳动。

A. 女职工要求

B. 医疗机构的证明

C. 工会证明

D. 女职工身体状况

21. 依据《女职工劳动保护特别规定》，对怀孕（ ）以上的女职工，用人单位不得延长劳动时间或者安排夜班劳动，并应当在劳动时间内安排一定的休息时间。

A. 3个月　　B. 6个月

C. 7个月　　D. 8个月

22. 依据《女职工劳动保护特别规定》，怀孕女职工在劳动时间内进行产前检查，所需时间计入（ ）。

A. 病假　　B. 事假

C. 年休假　　D. 劳动时间

23. 依据《女职工保健工作规定》，从事立位作业的女职工，妊娠满（　　）个月后，其工作场所应设立工间休息座位。

A. 4　　B. 6

C. 7　　D. 8

24. 依据《女职工劳动保护特别规定》，女职工生育享受（　　）天产假，其中产前可以休假（　　）天。

A. 90，15　　B. 98，15

C. 90，10　　D. 98，10

25. 依据《女职工劳动保护特别规定》，女职工生育难产的，增加产假（　　）天。

A. 7　　B. 10

C. 15　　D. 30

26. 依据《女职工劳动保护特别规定》，女职工生育多胞胎的，每多生育 1 个婴儿，增加产假（　　）天。

A. 7　　B. 10

C. 15　　D. 30

27. 依据《女职工劳动保护特别规定》，女职工怀孕未满4个月流产的，享受（　　）天产假。

A. 10　　B. 15

C. 30　　D. 42

28. 依据《女职工劳动保护特别规定》，女职工怀孕满4个月流产的，享受（　　）天产假。

A. 15　　B. 30

C. 42　　D. 98

29.《社会保险法》规定，职工应当参加生育保险，由（　　）按照国家规定缴纳生育保险费。

A. 用人单位

B. 职工个人

C. 企业工会

D. 用人单位和职工个人共同

30. 依据《女职工劳动保护特别规定》，女职工产假期间的生育津贴，对未参加生育保险的，按照女职工产假前工资的标准由（　　）支付。

A. 用人单位

B. 用人单位和职工个人共同

C. 职工个人

D. 生育保险基金

31. 依据《女职工劳动保护特别规定》，女职工产假期间的生育津贴，对已经参加生育保险的，按照（　　）的标准由生育保险基金支付。

A. 用人单位上年度职工月平均工资

B. 职工本人上年度月平均工资

C. 职工本人产前月基本工资

D. 用人单位上年度职工最低工资

32.《社会保险法》规定，用人单位已经缴纳生育保险费的，其职工享受生育保险待遇；职工未就业配偶按照国家规定享受生育医疗费用待遇。所需资金由（　　）支付。

A. 用人单位

B. 用人单位和职工个人共同

C. 职工个人

D. 生育保险基金

33. 依据《女职工劳动保护特别规定》，女职工生育或者流产的医疗费用，按照（　　），对已经参加生育保险的，由生育保险基金支付；对未参加生育保险的，由用人单位支付。

A. 医疗机构出具的费用清单

B. 医疗机构开具的发票

C. 生育保险规定的项目和标准

D. 用人单位的生育报销规定

34. 依据《女职工保健工作规定》，女职工产假期满恢复工作时，应允许有（　　）周时间逐渐恢复原工作量。

A. 1　　B. 1至2

C. 2　　D. 2至3

35. 依据《女职工劳动保护特别规定》，对哺乳未满（　　）婴儿的女职工，用人单位不得延长劳动时间或者安排夜班劳动。

A. 6个月　　B. 9个月

C. 1周岁　　D. 18个月

36. 依据《女职工劳动保护特别规定》，用人单位应当在每天的劳动时间内为哺乳期女职工安排（　　）哺乳时间；女职工生育多胞胎的，每多哺乳1个婴儿每天增加（　　）哺乳时间。

A. 1小时，0.5小时

B. 1小时，1小时

C. 0.5小时，0.5小时

D. 1.5小时，1小时

37. 依据《女职工劳动保护特别规定》，女职工比较多的用人单位应当根据女职工的需要，建立（　　）等设施，妥善解决女职工在生理卫生、哺乳方面的困难。

A. 女职工卫生室、孕妇休息室、哺乳室

B. 女职工活动室、女职工卫生室、孕妇休息室

C. 女职工更衣室、孕妇休息室、哺乳室

D. 女职工更衣室、女职工活动室、孕妇休息室

38. 依据《女职工保健工作规定》，婴儿满周岁时，经县（区）以上（含县、区）医疗或保健机构确诊为体弱儿，可适当延长授乳时间，但不得超过（　　）。

A. 3 个月　　B. 4 个月

C. 6 个月　　D. 1 年

39. 以下工作中女职工禁忌从事的有（　　）。

A. 轮船驾驶员　　B. 快递员

C. 井下采矿工　　D. 驯兽师

40. 女职工禁忌从事每小时负重（　　）次以上、每次负重超过 20 公斤的作业。

A. 3　　B. 6

C. 8　　D. 10

41. 女职工禁忌从事间断负重、每次负重超过

（　　）公斤的作业。

A. 15　　B. 20

C. 25　　D. 30

42. 女职工经期禁止从事（　　）米以上的高处作业。

A. 2　　B. 5

C. 10　　D. 15

43. 女职工孕期禁止从事（　　）米以上的高处作业。

A. 2　　B. 5

C. 10　　D. 15

44. 孕期女职工禁忌从事在（　　）空间的作业。

A. 室外　　B. 室内

C. 开放　　D. 密闭

45. 孕期女职工禁忌从事需要频繁（　　）的作业。

A. 转身　　B. 弯腰、攀高、下蹲

C. 走动　　D. 转头

46. 依据《女职工劳动保护特别规定》，对怀孕 7 个月以上的女职工，用人单位延长其劳动时间或者安排夜班劳动，由县级以上人民政府人力资源社会保障行政部门责令限期改正，按照受侵害女职工每人（　　）的标准计算，处以罚款。

A. 2000 元以上 5000 元以下

B. 3000 元以上 5000 元以下

C. 1000 元以上 5000 元以下

D. 1000 元以上 3000 元以下

47. 依据《职业病防治法》，用人单位安排孕期、哺乳期女职工从事相关禁忌作业的，由安全生产监督管理部门责令限期治理，并处（　　）的罚款；情节严重的，责令停止产生职业病危害的作业，或者提请有关人民政府按照国务院规定的权限责令关闭。

A. 3 万元以上 5 万元以下

B. 5 万元以上 10 万元以下

C. 5 万元以上 20 万元以下

D. 5 万元以上 30 万元以下

48. 依据《女职工劳动保护特别规定》，在劳动场所，（　　）应当预防和制止对女职工的性骚扰。

A. 职工代表　　B. 工会组织

C. 用人单位　　D. 青年组织

49. 依据《民法典》，违背他人意愿，以言语、文字、图像、肢体行为等方式对他人实施性骚扰的，受害人有权依法请求行为人承担民事责任。（　）等单位应当采取合理的预防、受理投诉、调查处置等措施，防止和制止利用职权、从属关系等实施性骚扰。

A. 机关　　B. 企业

C. 学校　　D. 以上都是

50. 依据《女职工保健工作规定》，应该对女职工定期进行（　　）的查治。

A. 妇科疾病及心理疾病

B. 心理疾病及生理疾病

C. 心理疾病及乳腺疾病

D. 妇科疾病及乳腺疾病

51. 用人单位违反《女职工劳动保护特别规定》，侵害女职工合法权益的，女职工可以依法（　　），依法向劳动人事争议调解仲裁机构申请调解仲裁，对仲裁裁决不服的，依法向人民法院提起诉讼。

A. 检举、申诉

B. 举报、起诉

C. 投诉、举报、申诉

D. 举报、检举、起诉

52. 用人单位违反《女职工劳动保护特别规定》，侵害女职工合法权益，造成女职工损害的，依法给予赔偿；用人单位及其（　　）和其他直接责任人构成犯罪的，依法追究刑事责任。

A. 直接负责的主管人员

B. 法定代表人

C. 主管人员

D. 负责人

53. 县级以上人民政府（　　）按照各自职责负责对用人单位遵守《女职工劳动保护特别规定》的情况进行监督检查。

A. 卫生和计划生育部门、人力资源社会保障行政部门

B. 卫生和计划生育部门、安全生产监督管理部门

C. 人力资源社会保障行政部门、安全生产监督管理部门

D. 安全生产监督管理部门、交通运输部门

54.《反家庭暴力法》由中华人民共和国第十二

届全国人民代表大会常务委员会第十八次会议于 2015 年 12 月 27 日通过，自（　　）起施行。

A. 2016 年 1 月 1 日

B. 2016 年 5 月 1 日

C. 2016 年 3 月 1 日

D. 2016 年 10 月 1 日

55.《反家庭暴力法》规定，反家庭暴力工作遵循（　　）原则。

A. 惩处为主，预防、教育与矫治相结合

B. 矫治为主，预防、教育与惩处相结合

C. 教育为主，预防、矫治与惩处相结合

D. 预防为主，教育、矫治与惩处相结合

答　案

1. A	2. A	3. C	4. B	5. B
6. C	7. D	8. C	9. C	10. A
11. C	12. D	13. B	14. B	15. D
16. C	17. B	18. C	19. B	20. B
21. C	22. D	23. C	24. B	25. C
26. C	27. B	28. C	29. A	30. A
31. A	32. D	33. C	34. B	35. C
36. B	37. A	38. C	39. C	40. B
41. C	42. D	43. A	44. D	45. B
46. C	47. D	48. C	49. D	50. D
51. C	52. A	53. C	54. C	55. D

修订说明

为深入学习贯彻习近平总书记关于工人阶级和工会工作、关于妇女工作的重要论述，贯彻落实《中国妇女发展纲要（2021—2030年）》，推动男女平等基本国策，全面维护女职工合法权益和特殊权益。2020年至2024年，全国总工会女职工部聚焦女职工权益维护的重点难点问题，策划出版了“情系女职工 法在你身边”丛书，不断提升女职工权益保护实效，在切实维护好女职工合法权益和特殊权益方面发挥了积极作用。

丛书包括《促进工作场所性别平等指导手册》《消除工作场所性骚扰指导手册》《女职工权益维护法律知识微手册》《女职工权益维护案例集》《建设家庭友好型工作场所指导手册》以及《建设家庭友好型工作场所优秀案例集》，以“法律护航女职工权益”为主线，通过案例解析与实务指引，揭示了《妇女权益保障法》《女职工劳动保护特别规定》等法律法规的现实意义。

为适应新时代工会女职工工作面临的新形势新要求，提升丛书内容的时效性、准确性与实用性，满足广大女职工工作者需求，我们对丛书进行了修订。开展丛书的编写和修订工作得到了多方的帮助和支持，感谢有关部门、各地方工会女职工组织、企业及专家提出的宝贵意见和建议。

由于时间、篇幅和经验所限，本书难免存在不足和疏漏之处，敬请读者批评指正。

全国总工会女职工部

2025 年 8 月

图书在版编目（CIP）数据

女职工权益维护法律知识微手册 : 2025版 / 中华全国总工会女职工部编著. -- 北京 : 中国工人出版社, 2025. 5. -- ISBN 978-7-5008-8730-0

Ⅰ. D922.75

中国国家版本馆CIP数据核字第2025CK3106号

女职工权益维护法律知识微手册（2025版）

出 版 人	董　宽
责任编辑	赵晨羽　吕　静
责任校对	张　彦
责任印制	栾征宇
出版发行	中国工人出版社
地　　址	北京市东城区鼓楼外大街45号　邮编：100120
网　　址	http://www.wp-china.com
电　　话	（010）62005043（总编室） （010）62005039（印制管理中心） （010）62382916（工会与劳动关系分社）
发行热线	（010）82029051　62383056
经　　销	各地书店
印　　刷	北京市密东印刷有限公司
开　　本	787毫米×1092毫米　1/32
印　　张	4.125
字　　数	60千字
版　　次	2025年9月第1版　2025年9月第1次印刷
定　　价	25.00元